Grundgesetze

des

zu Berlin gestifteten

Vereins für die Besserung

der

Strafgefangenen.

(Preis: 4 Sgr. für die Casse des Vereins.)

Berlin,
gedruckt bei G. Reimer,
1829.

Die, mit der Bestätigungs-Urkunde, nachfolgenden Statuten geben über die Zwecke des Vereins und die Mittel, durch welche er sie zu erreichen hofft, vollständige Auskunft. Diejenigen, welche, nach Lesung derselben, dem Vereine als Mitglieder beizutreten, oder ihm, sey es durch Geldbeiträge, oder durch persönliche Thätigkeit, förderlich zu seyn geneigt sind, werden ersucht, ihren Entschluß, in sofern sie in Berlin wohnen, einem Mitgliede des unterzeichneten Directoriums zu eröffnen, in so fern sie aber außerhalb Berlin sich befinden, diesem schriflich unter der Adresse:

An das Directorium des Vereins für die Besserung der Strafgefangenen,
zu Berlin,
Wilhelmsstraße Nr. 61.

zugehen zu lassen.

Dankbar wird dasselbe auch die Mittheilung aller, auf die Zwecke des Vereins sich beziehenden Nachrichten, Bemerkungen, Vorschläge und Wünsche empfangen; besonders erfreulich aber wird es ihm seyn, wenn ehrenwerthe Männer in den Provinzen, nnd namentlich an den Orten der Strafanstalten, ihm zur Bildung von Localvereinen die Hände bieten wollen.

Berlin, den 1. November 1828.

Das Directorium des Vereins für die Besserung der Strafgefangenen.

Graf v. Lottum. v. Schönberg. Behrnauer. v. Rudloff. Schmalz. v. Gerlach. Reichhelm. Neander. de Cuvry. v. Thile. Keibel.

Seine Königliche Majestät haben das Allerhöchst Denenselben angezeigte Unternehmen einer Privatgesellschaft zu Berlin, einen Verein für die Besserung der Strafgefangenen zu stiften, wohlgefällig aufzunehmen und mittelst Allerhöchster Kabinetsordre vom 21. Januar d. J. den Ministerien des Innern und der Justiz aufzutragen geruhet, das, gleichzeitig im Entwurfe mit vorgelegte Statut näher zu prüfen und demnächst darüber gutachtlich zu berichten. Zur Genügung dieses allerhöchsten Befehls sind zuvörderst die für die beabsichtigte Wirksamkeit der Gesellschaft entworfenen Grundgesetze nicht allein genau erwogen, sondern es ist auch die Ausführbarkeit des damit verbundenen Planes gehörig erörtert worden. Wenn nun, wie hiebei sich ergeben hat, der in Rede stehende Plan nicht nur einen sehr wohlthätigen Sinn, sondern auch eine genaue Kenntniß des Gegenstandes und eine richtige Würdigung der zur Erlangung des angedeuteten Zweckes anzuwendenden Mittel an den Tag legt, und daher, bei einer verständigen Leitung, von den Bemühungen der Gesellschaft vorzüglich in der Hinsicht vortheilhafte Erfolge sich erwarten lassen, daß deren Fürsorge für die nach verbüßter Strafe aus den Zuchthäusern entlassenen Verbrecher dazu beitragen werde, Rückfälle möglichst zu verhüten, und die, keineswegs den Strafanstalten beizumessende, Erscheinung der oft in sehr kurzen Zwischenräumen eintretenden wiederholten Einlieferungen früher schon bestrafter Individuen immer seltener zu machen; so haben Seine Königliche Majestät, auf geschehenen Vortrag, Inhalts allerhöchster Cabinetsordre vom 27. July c. die unterzeichneten Ministerien ermächtiget, sowohl den besagten Verein für die Besserung der Strafgefangenen, als das beigeheftete, in 35 Paragraphen bestehende Statut, nebst dem diesem letzteren angehängten Regulativ für die Wahl der Mitglieder des Directoriums und der Beamten der Vereinsausschüsse, 11 Paragraphen enthaltend, als einer, zu fortdauernden gemeinnützigen Zwecken verbundenen, von Allerhöchst Denenselben genehmigten Gesellschaft, welcher die Rechte einer moralischen Person, theils überhaupt, theils insbesondere zum Behuf der Erwerbung von Grundstücken und Capitalien auf ihren Namen, zustehen, in Allerhöchst Dero Namen, wie hiemit geschiehet, zu bestätigen, und hat übrigens der Verein bei seiner Wirksamkeit die Anweisungen zu beachten, welche ihm die betreffenden administrativen und polizeilichen Behörden, auf den Grund der von hieraus erhaltenen Instructionen, zugehen lassen werden.

Gegeben Berlin, den 10. September 1828.

(L. S.)

Der Minister des Innern	Der Justiz-Minister
(gez.) v. Schuckmann.	Graf v. Danckelman.

Bestätigung des in Berlin zusammengetretenen Vereins für die Besserung der Strafgefangenen.

Statuten

des

in Berlin gestifteten Vereins für die Besserung der Strafgefangenen.

I. Zweck des Vereins.

§. 1. Der Zweck dieses Vereins ist, den Behörden, welchen die Verwaltung der Gefängnisse und Strafanstalten untergeordnet ist, behülflich zu seyn, aus ihnen Besserungsanstalten zu machen, also die in denselben befindlichen, eben so mitleids- als strafwürdigen Opfer eigener Schuld wo möglich zu frommen und nützlichen Staatsbürgern umzuschaffen.

§. 2. Der Verein wird seine Wirksamkeit bei den der Hauptstadt zunächst gelegenen Straf- und Correctionsanstalten, namentlich bei den zu Spandau, Brandenburg, Luckau, Landsberg und Strausberg befindlichen, den Militair-Strafanstalten zu Spandau und Cüstrin, so wie bei dem Arbeitshause zu Berlin beginnen, und, nach Maßgabe seiner allmähligen Ausbreitung, der Theilnahme, welche sein Unternehmen in den Provinzen der Monarchie findet, und der dadurch entstehenden Zunahme seiner persönlichen und pecuniären Hülfsmittel, seine Wirksamkeit auch auf andre Straf- und Correctionsanstalten des Vaterlandes auszudehnen suchen.

Auf polizeiliche und Untersuchungs-Gefängnisse wird sich dieselbe zunächst nur in der im §. 4. angedeuteten Art und zu dem, am Schlusse jenes §. erwähnten Behufe, erstrecken, auf die darin befindlichen Gefangenen selbst aber nur in so fern, als die betreffenden Justiz- und Polizei-Behörden eine Einwirkung des Vereins zulässig und wünschenswerth finden.

§. 3. Dem im §. 1. bemerkten Zwecke gemäß wird die Wirksamkeit des Vereins dreifacher Art seyn:

I. den Behörden zur Kenntniß und Entfernung alles Dessen behülflich zu seyn, was in der Einrichtung oder Verwaltung der Straf- und Correctionsanstalten der sittlichen und bürgerlichen Besserung ihrer Bewohner hinderlich ist;

II. für diese Besserung unmittelbar durch die im §. 5. bezeichneten Mittel, so wie

III. dafür zu sorgen, daß die entlassenen Sträflinge nicht durch Hülflosigkeit wieder zu Verbrechen verleitet, sondern möglichst auf dem Wege der Besserung erhalten werden.

II. Mittel des Vereins.

§. 4. Zu ersterem Zwecke wird der Verein, unter dem Beistande der Behörden, dahin streben, eine genaue und fortgesetzte Kenntniß derjenigen Gefängnisse, Strafanstalten und Correctionshäuser, auf welche seine Wirksamkeit sich ausdehnen wird, der Mängel oder Vorzüge ihrer Einrichtung und Verwaltung, so wie der Wirkungen, welche diese auf den sittlichen Zustand der darin Verhafteten, auf ihre Gesundheit und auf ihre Vorbereitung zum dereinstigen Wiedereintritte in das bürgerliche Leben haben, zu erhalten, um demnächst die daraus gewonnenen Ansichten und Wünsche den Behörden mitzutheilen, und ihnen dadurch zur Kenntniß, und, soweit dem Vereine eine Einwirkung darauf gestattet wird, zur Entfernung der vorhandenen Mängel behülflich zu seyn.

§. 6. In Rücksicht auf den zweiten Theil der Wirksamkeit des Vereins wird derselbe, unter Berücksichtigung der besondern Lokalverhältnisse, sich angelegen seyn lassen:

a) theils durch die von den Beamten der Strafanstalten einzuziehenden Nachrichten, theils durch unmittelbare Beobachtung, den Gemüthszustand der einzelnen Gefangenen, und den moralischen Grund ihrer Vergehungen zu erforschen, um dadurch die, nach ihrer besondern Individualität, zu einer wohlthätigen Einwirkung auf ihre Gemüther geeigneten Mittel kennen zu lernen;

b) zu einer zweckmäßigen Sonderung in Klassen, so weit die Oertlichkeiten diese möglich machen, nicht bloß nach Geschlecht und Alter, so wie nach der Strafbarkeit des Verbrechens, sondern auch nach der, während der Strafzeit sich zeigenden, größeren oder geringeren Annäherung zur Besserung, behülflich zu seyn;

c) die Gefangenen durch religiösen Unterricht und Erbauung, unter Berücksichtigung der Verschiedenheit ihrer Confessionen, so wie durch Vertheilung von Schriften, welche wahre Frömmigkeit, Sittlichkeit, und Sinn für bürgerliche Ordnung bei ihnen zu beleben geeignet sind, zur Erkenntniß ihres unglücklichen Zustandes zu bringen, ernstliche Reue und anhaltenden Vorsatz der Besserung, so wie das Verlangen nach dem Troste und den Hoffnungen für jene und diese Welt in ihnen zu erregen, deren der Gottesfürchtige sich erfreuet;

d) Arbeitslust in ihnen zu erwecken. Der Verein wird daher in denjenigen Straf- und Correctionsanstalten, wo es an hinlänglicher Beschäftigung mit Arbeiten, die den Anlagen und Körperkräften der einzelnen Sträflinge und Verhafteten angemessen sind, fehlt, diese, unter Berücksichtigung der örtlichen Verhältnisse der Anstalt, zu ermitteln suchen, dabei besonders auf solche Beschäftigungen bedacht seyn, die ihnen, nach ihrer Rückkehr ins bürgerliche Leben, ihr Fortkommen sichern können, den Absatz dieser Arbeiten möglichst befördern, und daraus, so weit es ohne Beeinträchtigung des der Strafanstalt an dem Ertrage zustehenden Antheils geschehen kann, einen, theils zur Belohnung des Fleißes, durch kleine, augenblicklich zu bewilligende Vortheile, theils zur Ausstattung des Gefangenen, bei seiner dereinstigen Entlassung, bestimmten und ihm zu berechnenden Fonds bilden. Endlich

e) wird der Verein den Gefangenen und Sträflingen Unterricht in den Elementarkenntnissen, Lesen, Schreiben, Rechnen, so weit es ihnen daran mangelt, und bei denen, welche Fähigkeit dazu haben, im Choralgesange ertheilen lassen.

§. 6. Die Sorge für die aus der gefänglichen Haft Entlassenen wird hauptsächlich darin bestehen, daß der Verein ihnen die Quellen ehrlichen Erwerbes zu eröffnen, und sie in Verhältnisse zu bringen sucht, die ihrer äußern und innern Individualität, besonders auch dem während der Strafzeit gezeigten Grade der Besserung angemessen sind; daß er ferner durch Mitglieder der Gesellschaft, welche ihren Verhältnissen, Einsichten und Gesinnungen nach sich dazu eignen, sie in einer Art von beobachtender Aufsicht erhält, und ihnen, durch diese, in sittlichen und leiblichen Nöthen mit Rath und That beisteht.

§. 7. Die Anwendung der im Vorstehenden bezeichneten Mittel wird sich nach den besondern Verhältnissen der einzelnen Strafanstalten, so wie nach den persönlichen und pecuniairen Hülfsmitteln, welche dem Vereine in Bezug auf jede derselben zu Gebote stehen werden, modificiren. Er behält sich daher vor, den bei den einzelnen Strafanstalten unmittelbar für seine Zwecke wirkenden Mitgliedern des Vereins, unter Berücksichtigung jener örtlichen Verhältnisse, und im Einverständnisse mit den betreffenden Provinzialbehörden, besondere Anweisungen darüber zu ertheilen.

§. 8. Als ein sehr wünschenswerthes Ziel seines Strebens wird der Verein es betrachten, wenn die Staatsverwaltung sich späterhin bewogen finden sollte, ihm die Anlegung und Einrichtung einer neuen Strafanstalt in Berlin oder dessen Nähe anzuvertrauen, um diese dem Ideale einer zweckmäßig eingerichteten Anstalt der Art möglichst nahe zu bringen.

III. Mitgliedschaft des Vereins.

§. 9. Zum Mitgliede des Vereins kann Jeder, ohne Unterschied des Standes und der Religion, zugelassen werden, der mit redlichem Willen für die Zwecke des Vereins mitzuwirken gesonnen ist. Diese Mitwirkung muß, um die Mitgliedschaft erwerben zu können, entweder durch einen regelmäßigen jährlichen Beitrag von wenigstens vier Thalern zu der Kasse der Gesellschaft, oder an den Orten, wo eine Straf- oder Correctionsanstalt sich befinden, durch fortgesetzte persönliche und unmittelbare Förderung der Zwecke des Vereins, nämlich durch Theilnahme an der Aufsicht, am Unterrichte, oder an der religiösen Erbauung in der Anstalt geschehen.

Wer, ohne einen regelmäßigen Geldbeitrag, zu dem Fonds der Gesellschaft ein für allemal ein Geschenk von wenigstens zwei Thalern giebt, oder für denselben mindestens fünf Thaler sammelt, wird als Wohlthäter des Vereins anerkannt, und als solcher in den öffentlich bekannt zu machenden Listen namhaft gemacht; zinsbare Capitalschenkungen aber werden in diesen Listen, so wie in den Berechnungen der Vereinskasse, stets unter dem Namen des Geschenkgebers fortgeführt.

Der Verein wird übrigens jeden, auch den geringsten, laufenden oder einmaligen Geldbeitrag mit Dank gegen den Geber annehmen.

§. 10. Das Directorium des Vereins ist befugt, ehrenwerthe Männer des In- und Auslandes, deren Mitgliedschaft dem Vereine, in Rücksicht auf ihr Streben und Wirken für das Wohl der Menschheit, besonders werth seyn muß, zu Ehrenmitgliedern desselben, auch, als besondere Auszeichnung, einzelne solcher Männer zu lebenslänglichen Ehrenmitgliedern des Directoriums zu ernennen.

Zu dieser letzteren Ernennung, welche einem solchen Ehrenmitgliede, wenn es in Berlin wohnt, oder sich temporair daselbst befindet, das Recht giebt, zu allen Versammlungen und Berathschlagungen des Directoriums eingeladen zu werden, und an denselben mit berathender Stimme Theil zu nehmen, bedarf es jedoch immer der einstimmigen Einwilligung sämmtlicher wirklichen Mitglieder des Directoriums; auch darf die Anzahl dieser Ehrenmitglieder desselben zu gleicher Zeit nie mehr als fünf betragen.

§. 11. Vorzüglich wünschenswerth ist dem Vereine die thätige Theilnahme der Geistlichen beider Confessionen; er wird daher bemüht seyn, sich ihrer Beihülfe, sowohl zu der im §. 6. bemerkten Aufsicht auf die entlassenen Sträflinge, als insonderheit zu dem religiösen Unterrichte, und zu den Erbauungsstunden in den Strafanstalten zu versichern.

§. 12. Bei denjenigen Strafanstalten, wo nicht schon ein eigener Hausgeistlicher vorhanden, oder die ebenerwähnte

Aushülfe durch die Ortsgeistlichen entweder nicht anwendbar, oder, in Rücksicht auf die Oertlichkeit, so wie auf die religiösen Bedürfnisse der Anstalt, in Folge der Verschiedenheit der Confessionen, nicht ausreichend ist, wird der Verein die Anstellung einiger Hausgeistlichen zu bewirken suchen, und erforderlichen Falls, wenn seine Fonds es gestatten, die Dotirung ihrer Stelle übernehmen.

§. 13. Für den im §. 5. unter e. bemerkten Elementar-Unterricht werden, insofern nicht dazu geeignete Mitglieder des Vereins sich demselben freiwillig unterziehen, mit Einverständniß der Behörde, Lehrer besoldet, welche die Mitgliedschaft des Vereins jedoch nur entweder als Auszeichnung, für besondere, dem Zwecke desselben entsprechende Thätigkeit, oder durch einen Geldbeitrag, nach der im §. 9. enthaltenen Bestimmung, erwerben können. Besonders willkommen wird dem Vereine, in Rücksicht auf diesen Unterricht, der Beitritt der an den Orten der Strafanstalten sich befindenden Schullehrer seyn.

IV. Verfassung des Vereins.

1) Directorium.

§. 14. Die Sorge für die Ausbreitung des Vereins, die obere Leitung seiner Angelegenheiten, seiner Geschäfte und seiner Wirksamkeit, so wie die, zu letzterem Behufe, nach §. 7. erforderlichen Vereinbarungen mit den Staatsbehörden, sind einem Directorio übertragen, welches seinen Sitz in Berlin hat, und aus

einem Präsidenten,
zweien Stellvertretern desselben,
vier Secretairen
und den Vorstehern der im folgenden § genannten vier Ausschüsse,

zusammen aus elf Mitgliedern besteht.

Die Grundsätze über die Wahl, das Ausscheiden, und die Ersetzung dieser Directionsmitglieder enthält das diesem Grundgesetze angehängte Regulativ.

2) Vereinsausschüsse.

§. 15. Zu den für die Wirksamkeit des Vereins und die Anwendung seiner Mittel nöthigen Vorarbeiten, so wie zur

Prüfung der sich darauf beziehenden Vorschläge, bilden sich aus den zu Berlin wohnenden Mitgliedern des Vereins, welche an jenen Geschäften Theil zu nehmen geneigt sind, vier Ausschüsse:

a) für die religiössittliche Bildung der Strafgefangenen durch Unterricht und Erbauung,
b) für ihre angemessene Beschäftigung,
c) für ihr Fortkommen nach der Strafzeit,
d) für die Finanz-Angelegenheiten des Vereins.

Die Zahl der Mitglieder dieser Ausschüsse ist nicht beschränkt, indem jedem wirklichen Mitgliede des Vereins, insofern es seinen, wenn auch nur einstweiligen Aufenthalt in Berlin hat, das Recht zur Mitgliedschaft in einem der genannten vier Ausschüsse, nach seiner eigenen Wahl, zusteht. Alle in Berlin dem Verein Beitretenden sind daher, bei ihrem Eintritte, von Seiten des Directoriums zu der Erklärung zu veranlassen:

> ob sie an den Arbeiten des Vereins in einem dieser vier Ausschüsse Theil zu nehmen geneigt sind, und in welchem derselben,

indem der sich dazu bereit Erklärende, schon in Folge dieser Erklärung, Mitglied des von ihm gewählten Ausschusses wird, ohne daß es dazu einer weiteren Formalität bedarf, als daß der Vorsteher des letzteren, durch das Directorium, von dieser Erklärung in Kenntniß gesetzt wird.

§. 16. So wie die Theilnahme an der Mitgliedschaft eines Ausschusses von der Willkühr jedes zu Berlin wohnenden, oder sich daselbst aufhaltenden, wirklichen Mitgliedes des Vereins abhängt, so ist auch der Austritt aus demselben, und der Uebertritt zu einem andern Ausschusse, wenn das Vereinsmitglied sich überzeugt hat, daß dessen Wirkungskreis seinen persönlichen Neigungen und Verhältnissen mehr zusagt, seiner eigenen Wahl und Bestimmung anheimgestellt. Dieser Uebertritt darf jedoch, ohne besondre Genehmigung des Directoriums, nicht vor Ablauf eines Jahres, nach dem Eintritte in den zu verlassenden Ausschuß, und nicht ohne vorher dem Vorsteher desselben Anzeige davon gemacht zu haben, Statt finden, und eben so kann die gleichzeitige Theilnahme an zweien oder mehreren Ausschüssen nur mit Genehmigung des Directoriums, oder auf dessen besondere Veranlassung, Statt finden. Ein solches Mitglied mehrerer Ausschüsse darf jedoch bei der Abstimmung über die im §. 30. erwähnten Gesetzvorschläge, so wie bei den Wahlen der Directionsmitglieder, das Stimmrecht nur in einem dieser Ausschüsse ausüben.

§. 17. Die Mitglieder eines jeden dieser Vereinsausschüsse wählen unter sich, oder aus der Zahl der in Berlin wohnenden und nicht schon eine Beamtenstelle im Verein bekleidenden Mitglieder desselben, einen Vorsteher, einen Stellvertreter desselben, und zwei Secretaire. Von diesen bedürfen der Vorsteher und dessen Stellvertreter der Genehmigung des Directoriums. Die in dieser Art gewählten Vorsteher der Ausschüsse sind nach §. 15. allemal auch Mitglieder des Directoriums, und der des Finanz-Ausschusses ist zugleich der Schatzmeister des Vereins.

3) Localvereine an den Orten der Strafanstalten.

§. 18. Das Directorium wird bemüht seyn, an den Orten, wo Straf- oder Correctionsanstalten sich befinden, aus den daselbst und in ihrer unmittelbaren Nähe zur Theilnahme an dem Wirken des Vereins sich bereit findeuden Männern, Localvereine zu bilden, nicht allein als Organe des Directoriums für die betreffenden Straf- oder Besserungsanstalten, sondern auch um ihm die Mittel zu gewähren, sich von den innern und äußern Verhältnissen derselben in genaue Kenntniß zu setzen, nnd fortwährend darin zu erhalten.

Localausschüsse.

§. 19. Der Localverein wählt aus seiner Mitte, sowohl zur Leitung seiner Geschäfte, als auch zur unmittelbar thätigen Einwirkung auf die Gefangenen der Straf- oder Correctionsanstalt, einen Ausschuß, der, außer den zur Besorgung der Geschäfte erforderlichen Beamten, nämlich einem Vorsteher, einem Secretair und einem Rechnungsführer, aus einer Anzahl von Mitgliedern besteht, deren eigenthümliche Bestimmung ist, für die Zwecke des Vereins, so weit sie unmittelbar auf die sittliche und bürgerliche Besserung der Strafgefangenen, sey es durch Unterricht, religiöse Erbauung, Beschäftigung, Classification u. s. w. sich beziehen, nach Anleitung der in den §§. 4. und 5.

angedeuteten Grundsätze, persönlich thätig zu seyn. Besonders liegt ihnen, insofern sie nicht zur Classe der in den §§. 11. und 12. bezeichneten Geistlichen gehören, ob, nach einer unter sich zu vereinbarenden, von dem Vorsteher des Localvereins zu genehmigenden Reihenfolge, die Strafanstalt, so oft es seyn kann, zu besuchen, um sowohl die Beschaffenheit derselben, und ihre Verwaltung, als auch den äußern und innern Zustand der Gefangenen aufs Genauste kennen zu lernen, und demnächst ihre Beobachtungen und Bemerkungen entweder sofort dem Vorsteher des Localvereins, oder dem letzteren, in dessen nächster Versammlung, zur etwa nöthigen weiteren Veranlassung, vorzutragen.

Die moralische Kraft des Vereins wird daher hauptsächlich in den Mitgliedern dieser Localausschüsse, den verdienstvollsten seiner Theilnehmer, bestehen. Die Anzahl der zu dieser unmittelbaren Einwirkung auf die Strafgefangenen zuzulassenden Personen wird sich bei jeder einzelnen Strafanstalt nach den besondern örtlichen Umständen richten. Achtungswerthe Bürger der Stadt, welche, die Heiligkeit des Zweckes erkennend, ihm mit dem aufopferungsvollen Eifer der christlichen Liebe eine verständige und zweckmäßige Thätigkeit zu widmen geeignet und geneigt sind, werden dem Vereine dazu vorzugsweise willkommen seyn. Von der Verpflichtung zu Geld-Beiträgen zur Kasse desselben sind sie befreit.

Die Bildung eines Localausschusses für das Berliner Arbeitshaus wird das Directorium unmittelbar veranlassen.

§. 20. Die Mitglieder der Localausschüsse werden, bevor sie in Thätigkeit treten können, von Seiten des Directoriums, der betreffenden Provinzialbehörde namhaft gemacht, damit diese die Direction der Strafanstalt anweisen kann, ihnen den ungestörten Zutritt zu den Strafgefangenen zu gestatten, und in ihren Bemühungen für die Zwecke des Vereins möglichst förderlich zu seyn. Da, wo ein Localausschuß bereits besteht, kann die Zulassung zur Mitgliedschaft desselben nicht anders Statt finden, als wenn zwei Drittheile der Mitglieder des Localausschusses für dieselbe stimmen, worauf dann die oben erwähnte Benachrichtung an die Provinzialbehörde, durch das Directorium des Vereins, folgen muß.

Weibliche Hülfsvereine.

§. 21. Der Verein wird außerdem dahin zu wirken suchen, daß an den Orten, deren Strafanstalt auch weibliche Gefangenen enthalten, weibliche Hülfsvereine sich bilden, und dem Localvereine anschließen, um diesem in seinen Bemühungen für die Verlorenen ihres Geschlechts mit Rath und That beizustehen.

4) Localvereine in andern Provinzialstädten.

§. 22, Außer diesen Localvereinen in den Orten der Strafanstalten wird das Directorium bemüht seyn, auch in andern Provinzialstädten, wo eine Anzahl von Männern sich geneigt findet, für die Zwecke des Vereins, besonders in Bezug auf die Sorge für die aus den Strafanstalten Entlassenen, thätig zu seyn, Localvereine zu bilden, und sie mit Anweisung für diese Thätigkeit versehen, soweit dieselbe zur Leitung ihres Wirkens in dem Sinne des Vereins, und zur Erhaltung ihrer steten Verbindung mit dem Directorio desselben, erforderlich seyn wird.

Diese Localvereine, so wie die an den Orten der Strafanstalten vorhandenen, werden zugleich die Vereinigungspuncte für Diejenigen, welche in den umliegenden Gegenden sich zur Theilnahme am Vereine geneigt finden, seyn, und daher dahin streben, daß auch auf dem platten Lande Männer, die für die Zwecke des Vereins zu wirken Willen und Kräfte haben, demselben beitreten und ihnen sich anschließen.

V. Geschäftsführung des Vereins.

§. 23. Alle Beamten des Vereins verrichten ihre Geschäfte unentgeltlich, und nur, wenn ihre demselben gewidmeten Bemühungen mit pecuniairen Opfern verbunden sind, können sie auf eine verhältnißmäßige Entschädigung aus der Kasse des Vereins Anspruch machen.

§. 24. Das Directorium des Vereins versammelt sich in der Regel monatlich ein Mal, und außerdem so oft die Umstände es erheischen, auf Einladung des Präsidenten, oder wenn derselbe abwesend oder verhindert ist, seines Stellvertreters. In den Berathungen des Directoriums entscheidet die Stimmenmehrheit, bei Gleichheit der Stimmen die des Vorsitzenden.

Ueber die Art seines Geschäftsbetriebes und des seiner einzelnen Beamten, wird das Directorium durch eine eigene Geschäftsordnung bestimmen.

§. 25. Die im §. 17. genannten Beamten der vier Vereinsausschüsse führen deren laufende Geschäfte, soweit diese eilig oder minder wichtiger Art sind. Zu der ihnen vom Directorio zu übertragenden Entwerfung der im §. 7. erwähnten Anweisungen, und zu ähnlichen Arbeiten können sie sich die Hülfe oder Theilnahme einzelner Mitglieder des Ausschusses erbitten.

§. 26. Einmal im Monate, und bei besonders dringenden Veranlassungen auch außerdem, ist der ganze Ausschuß vom Vorsteher zu einer Versammlung einzuladen, in welcher von ihm über die, seit der letzten Versammlung geführten, Geschäfte Auskunft gegeben wird, und die wichtigeren Gegenstände, namentlich auch die im vorstehenden §. erwähnten Instructionen, so wie die von einzelnen Mitgliedern des Ausschusses etwa zu machenden, oder sonst demselben zugegangenen Vorschläge und Bemerkungen zur Berathung gebracht werden.

Das durch Abstimmung erfolgende Resultat dieser Berathungen bedarf jedoch, insofern es nicht ganz allein auf die innere Geschäftsführung des Ausschusses Bezug hat, um in Ausführung kommen zu dürfen, immer der Genehmigung des Directoriums, in dessen nächstfolgender Sitzung daher dasselbe durch den Vorsteher des betreffenden Ausschusses, oder, in dessen Abwesenheit, durch seinen Stellvertreter, zum Vortrage gebracht werden muß.

§. 27. An den monatlichen Versammlungen eines Ausschusses können auch Vereinsmitglieder, wenn sie durch ein Mitglied des Ausschusses eingeführt werden, Theil nehmen und in denselben ihre Ansichten über die zu berathenden Gegenstände vortragen, doch ohne dabei ein Stimmrecht ausüben zu dürfen. Das einführende Ausschußmitglied hat davon jedoch zuvor dem Vorsteher Anzeige zu machen, und dieser ist verpflichtet, die Theilnahme zu versagen, wenn in der bevorstehenden Versammlung über Wahlen gestimmt werden soll.

§. 28. Die Beamten zweier oder mehrerer Ausschüsse verbinden sich zu einer gemeinschaftlichen Berathung, wo es einem ihrer Vorsteher nöthig scheint, der dann die Beamten der andern, durch ihren Vorsteher, dazu einladet. Ausgaben, die nicht schon vom Directorium genehmiget sind, bedürfen allemal der Zustimmung des Finanzausschusses, und demnächst der Genehmigung des Directoriums.

§. 29. Die übrigen Bestimmungen über den Geschäftsbetrieb der vier Vereinsausschüsse sollen durch eine besondere Geschäftsordnung erfolgen, welche das Directorium, nach zuvor einzuholendem Gutachten dieser Ausschüsse, entwerfen wird.

Für die Verwaltung und Berechnung der Vereinskasse, so wie für die Revision der über dieselbe geführten Berechnungen, ist dagegen ein Regulativ vom Finanzausschusse zu entwerfen, und dem Directorio zur Prüfung und Genehmigung vorzulegen.

§. 30. Abänderungen in der Verfassung und den Grundgesetzen des Vereins, oder Ergänzungen seiner Statuten, werden, wenn sie dem Directorio nöthig scheinen, von ihm entworfen und den vier Vereinsausschüssen zur Genehmigung vorgelegt. Ueber die Annahme oder Verwerfung solcher Vorschläge entscheidet die Majorität sämmtlicher zu diesen Ausschüssen und dem Directorio gehörenden Vereinsmitglieder. In jedem Ausschusse wird daher der Vorschlag berathen und demnächst darüber gestimmt, die Anzahl der für oder gegen denselben sich Erklärenden zu Protocoll geaommen, dieses an das Directorium eingesandt, und bei letzterem die Gesammtzahl der consentirenden Mitglieder der vier Ausschüsse mit der Summe der dissentirenden verglichen. Ergiebt sich daraus nicht schon eine überwiegende Majorität für oder gegen den Vorschlag, so stimmen dann auch noch diejenigen Directionsmitglieder, welche nicht bereits als Mitglieder eines Ausschusses in demselben mit gestimmt haben. Bei Gleichheit der Stimmen ist der Gesetzvorschlag vertagt.

Ein durch diese Abstimmung verworfener Vorschlag kann vom Directorio, mit den Abänderungen, welche vielleicht von dem einen oder dem andern Ausschusse bei der Berathung über denselben für wünschenswerth erachtet sind, sofort, ohne Abänderung aber erst nach Ablauf eines Jahrs erneuert werden.

§. 31. Jährlich ein Mal (zum ersten Male nach Ablauf eines Jahres, von Eröffnung des Vereins an) findet, auf Veranlassung des Directoriums, eine Generalversammlung des Vereins in Berlin Statt, an der nicht allein sämmtliche daselbst wohnenden, sondern auch die zur Zeit der Versammlung daselbst anwesenden Mitglieder des Vereins, Theil nehmen können, und in welcher sowohl über Einnahme und Ausgabe des Vereins Rechnung abgelegt, als auch über den im verflossenen Jahre Statt gefundenen Fortgang des Unternehmens im Allgemeinen, und dessen Resultate, Bericht erstattet wird.

§. 32. Die Correspodenz zwischen den Localvereinen und dem Directorio richtet sich nach den Umständen und Veranlassungen. Für die Nachweisungen, welche, zum Behuf einer genauen Kenntniß

a) aller innern und äußern, örtlichen, administrativen und persönlichen Verhältnisse der Strafanstalten, und der darin eintretenden Veränderungen, so wie

b) der Erfahrungen, Arbeiten, Erfolge und Wünsche der Localvereine,

von letzteren an das Directorium einzusenden sind, wird dieses ihnen besondere Anleitungen ertheilen.

§. 33. Diese Nachweisungen werden bei dem Directorio, 1) insoweit die Gegenstände sich dazu eignen, zu dem jährlich durch den Druck bekannt zu machenden Berichte über den Fortgang des Vereins und seine Erfolge, benutzt, und 2) wenn sie nicht dazu geeignet sind, mit den etwa nöthigen Bemerkungen und Anträgen des Directoriums, von ihm zur Kenntniß der betreffenden Provinzialbehörden, oder, nach Umständen, der betreffenden Königlichen Ministerien gebracht.

§. 34. Der im vorstehenden §. erwähnte gedruckte Jahresbericht ist von den Secretairen des Directoriums, unter Leitung des ersten Secretairs, zu redigiren, und wird zugleich a) die Namen derjenigen Mitglieder, oder andrer Personen, welche sich um die Zwecke des Vereins besonders verdient gemacht haben, ehrend erwähnen; b) die in Bezug auf die Verfassung und

Wirksamkeit des Vereins in dem abgelaufenen Jahre erfolgten Bestimmungen und Beschlüsse, so weit sie von allgemeinerem Interesse sind; c) Nachrichten von dem, was im Auslande, in Bezug auf Gefängnißwesen und Besserung der Strafgefangenen, geschehen ist, enthalten. Jedes wirkliche Mitglied des Vereins enthält unentgeltlich ein Exemplar dieses Jahres-Berichts.

§. 35. Die Beamten des Vereins, wie sämmtliche Mitglieder desselben, werden sich die stete Erhaltung des guten Vernehmens mit den Behörden auf das Sorgfältigste angelegen seyn lassen, und die Localvereine daher stets bereit seyn, den Provinzialbehörden, so wie den Vorstehern der Strafanstalten, bei eintretenden Veranlassungen, die genaueste Auskunft über ihre Arbeiten, die Grundsätze ihres Verfahrens und ihre Erfahrungen zu ertheilen, so wie sie gedachten Behörden auch unaufgefordert die, den Umständen nach, nöthigen und zweckmäßigen Mittheilungen machen, besonders auch ihnen diejenigen Beamten der Straf- oder Correctionsanstalt bezeichnen werden, die ihren schwierigen Beruf mit lobenswerther Treue und Einsicht erfüllen.

An die Provinzialbehörden dürfen die Localvereine jedoch diese freiwilligen Anzeigen und Mittheilungen nie unmittelbar, sondern nur durch das Directorium gelangen lassen, an welches sie auch von jedem an die Provinzialbehörden, auf deren Verlangen, erstatteten Berichte Abschrift einzusenden haben.

Regulativ
für die Wahl der Mitglieder des Directoriums und der Beamten der Vereinsausschüsse.

§. 1. Die Mitglieder des Directoriums sowohl, als die Beamten der vier Vereinsausschüsse, bekleiden ihre Stellen nicht länger als zwei Jahre, vorausgesetzt, daß sie nicht dann auf's Neue dazu gewählt werden.

§. 2. Um jedoch zu verhindern, daß nicht nach Ablauf der ersten zwei Jahre, nach Stiftung des Vereins, die Geschäftsführung vielleicht in ganz andre, und daher derselben nicht gewohnte Hände komme, scheiden schon nach Ablauf des ersten

Jahres, von Eröffnung des Vereins angerechnet, also bei der ersten Generalversammlung,

a) aus dem Directorio:
   der erste Stellvertreter des Präsidenten,
   der zweite Secretair, und
   der vierte Secretair;

b) aus dem 1sten und dem 3ten Ausschusse:
   der Vorsteher und
   der zweite Secretair;

c) aus dem 2ten und dem 4ten Auschusse:
   der Stellvertreter des Vorstehers und
   der erste Secretair;

so daß danach künftig in Hinsicht des Ausscheidens, sowohl der Mitglieder des Directoriums, als der Beamten der Vereinsausschüsse, ein regelmäßiger zweijähriger Turnus Statt findet.

§. 3. Zu jeder der, auf diese Weise alljährlich im Directorio erledigten werdenden Stellen schlägt dasselbe ein Mitglied des Vereins, welches das die Stelle zur Zeit bekleidende seyn kann, oder nach seinem Ermessen mehrere, den Vereinsausschüssen vor.

§. 4. An den Berathungen des Directoriums über diese Vorschläge nehmen die Mitglieder desselben, auf deren Stellen die Vorschläge sich beziehen, keinen Theil, und eben so wenig diejenigen Vorsteher der Ausschüsse, an welchen die Reihe des Ausscheidens ist, sondern für letztere der stellvertretende Vorsteher ihres Ausschusses.

Bei diesen Berathungen entscheidet die Simmenmehrheit, bei Gleichheit der Stimmen die des Vorsitzenden.

§. 5. Hat das Directorium zu einer Stelle nur einen Candidaten vorgeschlagen, so geschieht die Entscheidung über diesen Vorschlag in der Art, daß in jedem der vier Vereinsausschüsse, deren sämmtliche Mitglieder dazu von ihrem Vorsteher einzuladen sind, über dessen Annahme oder Verwerfung ballotirt wird, an welchem Ballotement jedoch diejenigen Ausschußmitglieder, welche zugleich Mitglieder des Directoriums sind, keinen Theil nehmen dürfen.

Stimmen auf diese Weise zwei Ausschüsse für den Vorschlag, so ist derselbe als durch Stimmenmehrheit angenommen zu betrachten, so wie im Gegentheile, wenn er durch drei Ausschüsse verworfen wird, das Directorium statt seiner einen andern zu machen hat.

§. 6. Hat dagegen das Directorium zu einer Stelle mehrere Mitglieder des Vereins zugleich vorgeschlagen, so wird in den Ausschüssen über jedes derselben besonders ballotirt, indem dann die, aus der Vergleichung dieser einzelnen Abstimmungen für einen der Vorgeschlagenen, oder für die Verwerfung aller sich ergebende, Simmenmehrheit über die von Seiten des Ausschusses abzugebende Wahlstimme entscheidet.

§. 7. Das Directorium muß seine Vorschläge allemal acht Wochen vor der jährlichen Generalversammlung des Vereins den Ausschüssen zugehen lassen, und diese haben ihrerseits wenigstens vier Wochen vor derselben darüber zu entscheiden, damit bei der Generalversammlung die geschehenen Wahlen bekannt gemacht werden und zu gleicher Zeit die Gewählten ihr Amt antreten können.

§. 8. Die Verhandlungen der Vereinsausschüsse bei den Wahlen zu den in ihnen jährlich erlediget werdenden Beamtenstellen werden in den Jahren, wo die Reihe zum Ausscheiden an den Vorsteher kommt, von einem der Secretaire des Directoriums, dem dabei jedoch kein Stimmrecht zusteht, geleitet, und der erstere nimmt so wenig, als der ausscheidende Secretair, an denselben Theil.

§. 9. Die Wahlen selbst geschehen in der Art, daß der Vorsitzende zu jeder der beiden Stellen drei Mitglieder vorschlägt, unter denen allemal auch der die betreffende Stelle in dem Augenblicke Bekleidende (vorausgesetzt, daß derselbe nicht auf die Wiedererwähluag selbst Verzicht leistet) seyn muß, und dann auf die im §. 6. angegebene Weise darüber gestimmt wird. Ergiebt sich dabei, daß die Mehrzahl der Stimmenden für die Verwerfung der drei Vorgeschlagenen sich erklärt hat, so hat der Vorsteher, nach vorheriger Rücksprache mit dem Directorio, zwei andre Mitglieder zu der betreffenden Beamtenstelle vorzuschlagen. Findet sich dagegen, daß die Stimmenmehrheit zwischen zwei

Candidaten gleich getheilt ist, so wird auf's Neue, jedoch nur über diese beiden gestimmt, und bei etwaniger abermals gleichen Theilung der Simmen die Entscheidung des Directoriums eingeholt.

§. 10. Die jährlichen Wahlen zu den Beamtenstellen der Vereinsausschüsse müssen acht Wochen vor der Generalversammlung geschehen, damit das Directorium Zeit genug habe, nicht nur über die Genehmigung oder Verwerfung der zu den Vorsteherstellen geschehenen Wahlen zu entscheiden, sondern auch, wenn es sich durch besondere Gründe zu letzterer bewogen finden sollte, noch vor der Generalversammlung eine anderweitige Wahl veranlassen zu können.

§. 11. Zu den, sowohl im Directorio, als in den Ausschüssen, durch Tod, Veränderung der Verhältnisse, Resignation oder andre außerordentliche Veranlassungen erlediget werdenden Beamtenstellen geschehen die Wahlen gleichfalls nach den vorstehenden Bestimmungen, jedoch unabhängig von den für die regelmäßigen Ergänzungen vorgeschriebenen Terminen. Die in solchen Fällen eintretenden Beamten fungiren daher auch nicht zwei Jahre, sondern nur so lange, als ihr unmittelbarer Vorgänger noch im Amte gewesen seyn würde.

Anhang

zu den Statuten des Vereins für die Besserung der Strafgefangenen, als Instruction für die außerhalb Berlin's bestehenden, oder sich bildenden Abtheilungen des Vereins.

Vorbemerkungen.

In den §. §. 18 bis 22. der Vereinsstatuten ist von zweierlei Localvereinen die Rede:

a. an den Orten der Strafanstalten,

b. in andern Provinzialstädten;

beiden liegt, nach Inhalt jener §. §., die Verpflichtung ob, für die Zwecke des Vereins wirksam zu seyn, und so wie die Thätigkeit desselben, in Bezug auf die Strafgefangenen, überhaupt doppelter Art ist, nämlich

1) während deren Haft, und

2) nach ihrer Entlassung aus derselben,

so ist auch die Wirksamkeit der Localvereine zweifach. Jene, also eine unmittelbare Einwirkung auf die Strafgefangenen, während der Vollstreckung ihrer Freiheitsstrafe, kann, der Natur der Sache nach, nur von den an den Orten der Strafanstalten befindlichen Localvereinen ausgeübt werden, und da dieselbe, wenn sie wahrhaft fruchtbringend und nicht vielmehr leicht nachtheilig werden soll, persönliche Eigenschaften mancher Art verlangt, so war es nothwendig, diese unmittelbare und persönliche Einwirkung, wie in den Vereinsstatuten geschehen ist, den Local-Ausschüssen, also einer Auswahl von Männern, die nicht nur mit dem Sinne der christlichen Liebe die zu jener Einwirkung sonst noch erforderlichen Eigenschaften, und sowohl die Achtung ihrer Mitbürger, als das Vertrauen der Behörden vereinigen, sondern die auch derselben, ihren Verhältnissen nach, Zeit und Kräfte zu widmen im Stande sind, ausschließlich anzuvertrauen.

Bei der Sorge für die entlassenen Sträflinge bedarf es dagegen, wenn gleich auch sie einer einsichtsvollen und besonnenen Leitung nicht entbehren darf, doch vorzugsweise einer möglichst weitverbreiteten Mitwirkung; es ist, wenn jene Fürsorge dem Bedürfnisse entsprechen soll, nothwendig, daß sich recht viele wohlgesinnte Männer dazu die Hände bieten, daß, wenn früher oder später, wie es zu wünschen, und, bei der lebhaften Theilnahme, welche das Unternehmen des Vereins schon jetzt in mehreren Provinzen der Monarchie gefunden hat, zu hoffen ist, seine Wirksamkeit über den ganzen Umkreis derselben sich verbreiten wird, nicht bloß in den Städten, sondern, wie bereits im §. 22. der Statuten angedeutet worden ist, auch auf dem platten Lande, ja wo möglich in jeder Commune, sich thätige Theilnehmer für diesen so wichtigen Zweck des Vereines finden.

Demgemäß, und in Folge der eben erwähnten erfreulichen Theilnahme in den Provinzen der Monarchie und der dadurch begründeten Hoffnung der baldigen Ausbreitung des Vereins in denselben; in der Berücksichtigung endlich, daß es dem unterzeichneten Directorio unmöglich seyn würde, die Wirksamkeit desselben auch in andern Provinzen auf eine angemessene Weise unmittelbar zu leiten, hat der Verein, auf dem, im §. 30. der Statuten bestimmten, verfassungsmäßigen Wege, nachstehende Beschlüsse gefaßt.

§. 1. In jeder Provinz der Monarchie, wo sich durch die Theilnahme für das Unternehmen des Vereins, nach §. 2. der Statuten, die Veranlassung und die Möglichkeit findet, dessen Wirksamkeit auch auf dieselbe auszudehnen, wird das unterzeichnete Directorium, im Einverständnisse mit den betreffenden Provinzial-Behörden, die Bildung eines besondern Provinzialvereines zu veranlassen suchen.

§. 2. Aus den in der Hauptstadt der Provinz zur Theilnahme an diesem Provinzialvereine sich bereit findenden Männern wird ein leitender Ausschuß, als Provinzial-Directorium gewählt, dessen Personalstärke sich nach den besondern Verhältnissen und Bedürfnissen richten wird.

Für die Provinz Brandenburg wird das unterzeichnete Directorium des Gesammtvereins (das Central-Directorium) zugleich das Provinzial-Directorium bilden.

§. 3. Die Provinzial-Directorien wirken nach den Statuten des Vereins, innerhalb des Bereichs der Provinz, selbstständig, sie sind jedoch verpflichtet, nach den ihnen, zur Erhaltung der Einheit des Strebens, von Seiten des Central-Directoriums, in Bezug auf allgemeine Grundsätze, zugehenden Anweisungen sich zu richten, auch demselben von den Resultaten ihrer Thätigkeit periodische Anzeigen zu machen.

Dagegen aber haben sie zu erwarten, in ihrer Wirksamkeit vom Central-Directorio unterstützt, und, wo es nöthig ist, bei den höchsten Staats-Behörden vertreten zu werden.

Mit Berücksichtigung dieses, zwischen dem Central-Directorio und den Provinzial-Directorien Statt findenden Verhältnisses, gehen auf letztere, in dem Bereiche der betreffenden Provinz, die Befugnisse und Verpflichtungen über, welche, nach den unterm 1sten November v. J. bekannt gemachten Statuten, dem Directorio zustehen und obliegen. Hiernach gehört zu ihrer Bestimmung nicht allein die möglichste Ausbreitung des Vereins in der ganzen Provinz, sondern auch die Leitung und Besorgung aller den Verein, in Bezug auf dieselbe, betreffenden Angelegenheiten und Geschäfte, sowohl für das Innere des Provinzialvereins, als auch für dessen äußere Verhältnisse zum Central-Directorio, wie zu den Provinzial-Behörden.

§. 4. Insbesondere werden die Provinzial-Directorien bemüht seyn, bei jeder Straf- oder Besserungsanstalt der Provinz die Bildung eines Local-Ausschusses, nach den in den §. §. 19. und 20. der Statuten enthaltenen Bestimmungen und zu dem dort bezeichneten Zwecke, zu bewirken.

Was dagegen die Sorge für die aus den Strafanstalten Entlassenen betrifft, so werden, da zu viele, an einzelnen, namentlich kleineren Orten zu errichtende Localvereine theils das Geschäft und die Uebersicht erschweren, theils den Zweck nicht immer erfüllen würden, indem vorauszusehen ist, daß doch nicht für alle Orte, wo möglicherweise entlassene Sträflinge vorhanden sind, solche Localvereine errichtet werden könnten, die Provinzial-Directorien in jedem Kreise der Provinz einen besondern Kreisverein zu bilden suchen, und dafür, soviel wie möglich, die Theilnahme der betreffenden landräthlichen Behörde, der Geistlichkeit, der Magisträte, der Gutsbesitzer, der Domainalbeamten u. s. w. zu gewinnen suchen.

Vereine für einzelne Städte, welche nicht mit dem zu ihnen gehörenden Gebiete einen eignen Kreis bilden, werden demnach nur in denjenigen Orten vorhanden seyn, wo, nach ihrer Größe oder Localität, die Bildung eines besondern Localvereins wünschenswerth erscheint.

§. 5. Die Kreisvereine wählen aus ihrer Mitte einen Ausschuß, welcher in der Regel seinen Sitz im Hauptorte des Kreises hat, und, außer einem Vorsteher, aus so vielen Mitgliedern besteht, als, nach Maaßgabe der örtlichen oder sonstigen Verhältnisse, zur Leitung der Wirksamkeit des Kreisvereins und zur Besorgung seiner Geschäfte erforderlich seyn werden. Wie und in welcher Art die Gestaltung dieser Kreisausschüsse, so wie der Localausschüsse, am Angemessensten zu bewirken seyn wird, ist dem betreffenden Provinzial-Directorio anheimgestellt.

Die Wahl des Vorstehers eines Kreis- oder Localausschusses bedarf übrigens allemal der Genehmigung des Provinzial-Directoriums.

§. 6. Die am Schlusse des §. 4. erwähnten besondern Localvereine und die Localausschüsse stehen zu dem Ausschusse des betreffenden Kreisvereines nicht in einem Verhältnisse der Unterordnung, sondern unmittelbar unter dem Provinzial-Directorio.

§. 7. In jeder Provinz, wo ein besonderer Provinzialverein sich bildet, fließen die Beiträge der sich ihm anschließenden Mitglieder, in sofern diese nicht denselben ausdrücklich eine andere Bestimmung geben, zu dessen Kasse, deren Verwendung ausschließlich der Disposition des Provinzial-Vereines vorbehalten bleibt, und über welche das Central-Directorium daher, zu Gunsten einer anderen Provinz, nicht verfügen kann. Das letztere wird dagegen in dem Falle, daß die ihm zu Gebote stehenden Geldmittel es gestatten, dieselben auch für die Zwecke des Vereins in den andern Provinzen der Monarchie zu verwenden, seine Ausgaben nicht auf die Provinz Brandenburg beschränken.

§. 8. Die Provinzial-Directorien sind befugt, den, das Recht der Mitgliedschaft gebenden, jährlichen Geldbeitrag, nach Maaßgabe der provinziellen oder örtlichen Verhältnisse, für die ganze Provinz oder für einzelne Kreise derselben, auf einen geringern Betrag zu bestimmen, als das im §. 9. der Statuten, zunächst nur mit Rücksicht auf Berlin festgesetzte, Quantum von 4 Thlrn.

§. 9. Da vorauszusehen ist, daß nicht immer die Geldbedürfnisse der einzelnen Localausschüsse und Kreisvereine mit den von ihren Mitgliedern aufkommenden Beiträgen oder ihnen sonst etwa zufließenden Einnahmen in einem gleichen Verhältnisse stehen werden, und es zum Gelingen des vereinten Wirkens nothwendig ist, dahin zu streben, daß überall die pecuniairen Mittel dem Bedarf möglichst entsprechen, und die Mißverhältnisse auszugleichen, welche in dieser Beziehung, wenn jeder einzelne Local- oder Kreisausschuß seinen abgesonderten Haushalt hätte, unfehlbar entstehen würden; so bilden, wie bereits im §. 7. angedeutet worden ist, sämmtliche im Innern einer Provinz für den Verein aufkommenden Geldmittel den Gesammtfonds des Provinzialvereins, und bleibt es den Provinzial-Directorien überlassen, diejenigen Anordnungen zu treffen, welche ihnen, zum Behuf jener Ausgleichung, nach Maaßgabe der örtlichen Verhältnisse und Bedürfnisse, am Angemessensten scheinen.

§. 10. Was im §. 31. der Statuten in Hinsicht der jährlichen General-Versammlnng des Vereins in Berlin bestimmt ist, findet analogisch, unter den, aus der Verschiedenheit der Verhältnisse sich von selbst ergebenden Modificationen, auch für die Provinzialvereine Anwendung.

§. 11. Die im §. 7. der Statuten vorbehaltenen näheren Anweisungen für die Localvereine und Localausschüsse, über die Anwendung der für die Besserung der Strafgefangenen, nach den §. §. 5. und 6. beabsichtigten Mittel, glaubt das unterzeichnete Directorium, da im Wesentlichen schon in den Statuten Andeutungen darüber vorhanden sind, noch aussetzen müssen, bis es im Stande seyn wird, diese Anweisungen auf eine hinlängliche Masse gemachter Erfahrungen zu gründen. Um jedoch die Kreisvereine und Localausschüsse mit den betreffenden Provinzial-Directorien in ununterbrochener Verbindung zu erhalten und die so wünschenswerthe Einheit des Strebens und Wirkens zu sichern, erfolgen, nach Analogie dessen, was zum Theil schon in den Statuten darüber ausgesprochen oder angedeutet worden ist, über die gegenseitigen Ressortverhältnisse und Geschäftsverbindnngen nachstehende nähere Bestimmungen, die jedoch nur als vorläufig, bis vielleicht durch künftige Erfahrungen sich die Nothwendigkeit ihrer Abänderung oder Ergänzung ergiebt, zu betrachten sind.

A. Für die Localausschüsse.

§. 12. Der nach §. 20. der Statuten, bevor die Mitglieder des Localausschusses bei einer Straf- oder Besserungs-Anstalt in Wirksamkeit treten können, erforderliche Antrag bei der competenten Behörde, zum Behuf der Anweisung an die Direction der Anstalt, geschieht in denjenigen Provinzen, wo ein besonderes Provinzial-Directorium constituirt worden ist, von Seiten desselben.

§. 13. Sobald hierauf der Localausschuß sich mit der Direction der Anstalt in Communication gesetzt hat, muß es zunächst seine angelegentliche Sorge seyn, sich von der Bestimmung, Verfassung und den übrigen innern und äußern Verhältnissen der Straf- oder Correctionsanstalt und der darin Verhafteten, imgleichen der am Orte befindlichen polizeilichen und Untersuchungs-Gefängnisse, die genaueste Kenntniß zu verschaffen. Als Leitfaden dabei wird das unterzeichnete Directorium den Provinzial-Directorien, zur Mittheilung an die Local-Ausschüsse, eine Anzahl von Fragen zugehen lassen, deren möglichst vollständige und gründliche Beantwortung von Seiten des Localausschusses, so bald es demselben nach seiner Gestaltung möglich ist, das Provinzial-Directorium, um eine vergleichende Uebersicht von dem Zustande und den Verhältnissen der in der Provinz vorhandenen Straf- und Gefängniß-Anstalten zu gewinnen, wünschen muß.

Das letztere wird seinerseits bei der betreffenden Behörde dahin wirken, daß die Direction der Anstalt angewiesen werde, dem Local-Ausschusse bereitwillig mit allen Notizen zu Hülfe zu kommen, welche ihm zur vollständigen Beantwortung jener Fragen erforderlich sind.

§. 14. Bevor der Ausschuß seine eigentliche unmittelbare Wirksamkeit, in Bezug auf die Gefangenen beginnt, hat er sich mit der Direction der Anstalt über die Zeit, Art und den Umfang seiner Thätigkeit zu einigen, und die Resultate dieses Zusammentretens dem Provinzial-Directorio mitzutheilen.

§. 15. Damit das Provinziai-Directorium eine fortlaufende Kenntniß von dem Wirken der ihm untergeordneten Local-Ausschüsse habe, ist es erforderlich, daß jeder derselben regelmäßig halbjährlich einmal über seine Arbeiten und deren Erfolge, seine Erfahrungen, Ansichten und Wünsche an das Provinzial-Directorium in der Art berichte, daß dieses zugleich die in dem Zustande der Strafanstalt in personeller oder sonstiger Beziehung eingetretenen Veränderungen, so weit dieselben auf das Wirken des Vereins von Einfluß seyn, oder dabei in Betracht kommen können, daraus entnehmen kann.

§. 16. In Bezug auf die, nach beendigter Strafzeit oder Detention, aus der Anstalt zu Entlassenden, bei denen, in Folge ihrer Verhältnisse im Zustande der wieder erlangten Freiheit, die Wirksamkeit des Vereins in irgend einer Beziehung zur Anwendung kommen kann, hat der Local-Ausschuß, wenigstens zwei Monate vor der Entlassung, wenn für den künftigen Aufenthaltsort des zu Entlassenden ein Kreis- oder Localverein besteht, demselben, unter Mittheilung einer möglichst vollständigen Notiz über die innere und äußere Persönlichkeit des zu Entlassenden, insbesondere über den während der Strafzeit gezeigten Grad moralischer Zuverläßigkeit und Beschäftigungs-Fähigkeit, Anzeige zu machen *).

*) Am einfachsten wird dieß durch Ausfüllung eines tabellarischen

§. 17. Die Local-Ausschüsse haben, wenn die Strafanstalt auch weibliche Gefangenen enthält, dahin zu streben, daß zu ihrer Unterstützung bei der denselben zu widmenden Thätigkeit, nach §. 21. der Statuten, wo möglich ein weiblicher Hülfsverein aus Frauen des Ortes, welche nicht nur durch ihre Gesinnung, sondern auch in jeder andern Beziehung dazu geeignet sind, sich bilde, und diese dem Provinzial-Directorio namhaft zu machen. Da wo künftig ein weiblicher Hülfsverein besteht, kann die Zulassung zu demselben nicht anders Statt finden, als wenn zwei Drittel der Theilnehmerinnen, mit dem Vorsteher des Local-Ausschusses, für dieselbe stimmen.

Besondere Pflicht des letzteren ist, dem weiblichen Vereine mit Rath und That in seinen Bemühungen behülflich zu seyn, auch demselben einige Mitglieder des Local-Ausschusses beizugeben, welche es besonders übernehmen, den weiblichen Verein, und namentlich die die Strafanstalt oder das Gefängniß besuchenden Frauen in ihrer Thätigkeit zu unterstützen.

B. Für die Kreis- und Local-Vereine.

§. 18. Von Seiten der Kreis-Ausschüsse wird halbjährlich einmal an das Provinzial-Directorium, über ihre Erfahrungen, Ansichten, Bemühungen und deren Erfolge zu berichten, und diesem Berichte

a. eine namentliche Liste derjenigen entlassenen Sträflinge, in Hinsicht deren die Obhut und Fürsorge des Vereins zur Anwendung kommt, mit Bemerkung der Art, wie dies geschieht, und der mehr oder minder guten Hoffnungen, zu denen die Aufführung des Entlassenen berechtiget;

Schemas geschehen, und dieses etwa folgende Rubriken enthalten können: 1) Name des zu Entlassenden; 2) Alter; 3) Herkunft und früheres Lebensverhältniß; 4) künftiger Aufenthaltsort; 5) begangenes Verbrechen; 6) Benennung des Gerichts von dem er verurtheilt worden; 7) Dauer der erlittenen Strafe; 8) Tag der Entlassung aus der Anstalt; 9) Betragen während der Strafzeit und was von ihm im Zustande der wiedererlangten Freiheit zu hoffen seyn dürfte; 10) Beschäftigungsfähigkeit; 11) was er in Hinsicht seines künftigen Unterkommens selbst wünscht und wozu der Localausschuß ihn für geeignet hält.

b. eine namentliche Liste der in dem betreffenden Kreise im abgelaufenen halben Jahre dem Vereine als Mitglieder oder Wohlthäter mit laufenden Beiträgen beigetretenen, mit Bemerkung ihres Beitrages, beizuschließen seyn.

§. 19. Als einen Theil ihrer besondern Pflichten werden die Kreis-Ausschüsse es zu betrachten haben:

a. wenn über einzelne aus ihrem Kreise zu einer Freiheitsstrafe in einer Straf- oder Corrections-Anstalt Verurtheilte, von dem bei derselben vorhandenen Local-Ausschusse, Notizen über deren früheren Lebensverhältnisse, Erziehung, Gemüthsart, Veranlassungen ihres Vergehens u. s. w. gewünscht werden sollten, ihm diese, auf sein Verlangen, zugehen zu lassen;

b. sich mit dem Zustande der in ihrem Kreise befindlichen Untersuchungs- und Polizei-Gefängnisse möglichst genau bekannt zu machen, und darüber, nach Anleitung der im §. 13. erwähnten Fragen, an das Provinzial-Directorium zu berichten. Wird eine Einwirkung auf die darin Verhafteten von Seiten der betreffenden Justiz- oder Polizei-Behörde gestattet, so kommen für diese Einwirkung die über Bildung und Thätigkeit der Local-Ausschüsse in den Statuten, so wie in dem gegenwärtigen Anhange enthaltenen Bestimmungen, so weit es nach den besondern Verhältnissen, im Einverständnisse mit der Behörde zulässig ist, zur Anwendung.

§. 20. Was in den vorstehenden beiden §. §. in Bezug auf die Kreisvereine bestimmt ist, gilt analogisch auch für die nach §. 3. dieses Anhanges an einzelnen Orten bestehenden Localvereine und deren Ausschüsse.

Allgemeine Bestimmung.

§. 21. Ueber die dem Vereine überhaupt und dessen einzelnen Abtheilungen zustehende Portofreiheit wird auf die desfallsige öffentliche Bekanntmachung des unterzeichneten Directoriums vom 6ten Februar 1829 Bezug genommen. Die Provinzial- und Kreis-Directorien, so wie die Local-Ausschüsse, haben sich für ihre Correspondenz ein besonderes Siegel mit einer entsprechenden Inschrift, nämlich:

„Directorium des Provinzialvereines (Localausschuß) [Kreis-
„ausschuß] für die Besserung der Strafgefangenen zu N."

anzuschaffen.

Schlußbemerkung.

Wenn sich gleich voraussehen läßt, daß, besonders in der ersten Zeit, nicht in sämmtlichen Kreisen und noch weniger in allen Orten der Straf- oder Corrections-Anstalten, die persönlichen Mittel sich finden werden, welche zur Lösung aller, den Localausschüssen und Kreisvereinen in den Statuten und in der vorstehenden Instruction gemachten Aufgaben erforderlich sind, so hat doch das unterzeichnete Directorium geglaubt, hier, wo es darauf ankam, den Umfang zu bezeichnen, in welchem der Verein die Thätigkeit der Kreis- und Local-Ausschüsse wünschen muß, wenn gleich nicht immer wird erwarten können, die Fälle, wo der Mangel an hinreichenden persönlichen Hülfsmitteln es unmöglich machen wird, diesen Umfang ganz auszufüllen, nicht besonders berücksichtigen zu dürfen. Denn, wenn auch manche der gedachten Ausschüsse, im Anfange ihres Bestehens, den in dieser Beziehung hier ausgesprochenen Wünschen nur theilweise und mehr oder minder unvollständig zu genügen im Stande seyn sollten, so läßt sich doch mit Zuversicht hoffen, daß auch den beschränkten Mitteln, wenn sie in dem Sinne, welcher die Seele des Vereins seyn soll, angewendet werden, ein seegensreicher Erfolg nicht entstehen werde, und mit dem redlichen Streben nach dem Ziele auch die Kräfte und Hülfsmittel sich vermehren, und die Local-Ausschüsse und Kreis-Vereine so dem Bilde der Thätigkeit, welches dieser Instruction zum Grunde liegt, sich allmählig nähern werden.

Berlin den 31sten Mai 1829.

Das Directorium des Vereins für die Besserung der Strafgefangenen.

Graf v. Lottum. v. Schönberg. Behrnauer. v. Rudloff. Schmalz. v. Gerlach. Reichhelm. Neander. de Cuvry. Graf v. d. Gröben. Keibel.

In Folge der, nach dem §. 8. des vorstehenden Anhanges zu den Statuten, den Provinzial-Directorien zustehenden Befugniß, machen wir hiedurch bekannt:

a. daß in der Provinz Brandenburg, mit Ausnahme von Berlin, schon ein regelmäßiger jährlicher Beitrag von zwei Thalern die Mitgliedschaft des Vereines erwirbt;

b. daß, abgesehen von dem, bereits im §. 9. der Statuten den Männern, welche für die Zwecke des Vereins bei einer Straf- oder Corrections-Anstalt thätig sind, eingeräumten Rechte der Mitgliedschaft, die Kreis- und Localvereine befugt sind, auch Männern, welche die Zwecke des Vereins, in Bezug auf die Sorge für entlassene Sträflinge, thätig fördern, selbst bei einem geringeren jährlichen Geldbeitrage als 2 Thlr., die Mitgliedschaft zuzugestehen.

Berlin den 31sten Mai 1829.

Das Directorium des Vereins für die Besserung der Strafgefangenen.

Graf v. Lottum. v. Schönberg. Behrnauer. v. Rudloff. Schmalz. v. Gerlach. Reichhelm. Neander. de Cuvry. Graf v. d. Gröben. Keibel.

Directorium
des Vereins für die Besserung der Strafgefangenen.

Protector:

Seine Königliche Hoheit der Kronprinz.

Präsident:

Se. Excellenz der Wirkliche Geheime Staatsminister und General der Infanterie, Graf von Lottum.

Vicepräsidenten:

Oberpräsident von Schönberg, Director im Königlichen Ministerium der auswärtigen Angelegenheiten.

Geheimer Ober-Regierungs-Rath Behrnauer im Königl. Ministerium des Innern und der Polizei.

Secretaire:

Major von Rudloff, im Königlichen Kriegsministerium.

Geheimer Justiz-Rath und Professor Dr. Schmalz.

Wirklicher Legations-Rath von Bülow.

Regierungs-Rath Dr. Reichhelm.

Ausschuß-Vorsteher.

Wirklicher Ober-Consistorialrath, erster General-Superintendent und Director des Consistoriums der Provinz Brandenburg, Propst Dr. Neander, Vorsteher des Ausschusses für die religiös-sittliche Bildung der Strafgefangenen durch Unterricht und Erbauung.

Stadtrath de Cuvry, Vorsteher des Ausschusses für ihre angemessene Beschäftigung.

Oberst, Graf von der Gröben, (Chef vom Generalstabe des 2ten Armeecorps) Vorsteher des Ausschusses für das Fortkommen der entlassenen Strafgefangenen.

Stadtrath Keibel, Vorsteher des Ausschusses für die Finanzangelegenheiten des Vereins und Schatzmeister desselben.

Lebenslängliche Ehrenmitglieder des Directoriums:

Generalmajor von Witzleben, Generaladjudant Sr. Majestät des Königs.

Se. Excellenz der Wirkliche Geheimerath und Oberpräsident Dr. Sack zu Stettin.

Oberpräsident von Bassewitz zu Potsdam.

Ehrenmitglieder des Vereins:

Doctor N. H. Julius aus Hamburg.

John Venning Esq. zu St. Petersburg.

Ev. Luc. XV. 7.

FSC
www.fsc.org
MIX
Papier | Fördert
gute Waldnutzung
FSC® C083411

Kolibri 360 GmbH
Ferdinand-Jühlke-Straße 7
99095 Erfurt, Deutschland
produktsicherheit@kolibri360.de